24/2/98.

Yvette,
Mes hommages -
Jean Monbourquette

# APPRIVOISER SON OMBRE

## LE CÔTÉ MAL AIMÉ DE SOI